Año nuevo chino

Nancy Dickmann

www.heinemannraintree.com
Visit our website to find out more information about Heinemann-Raintree books.

To order:
Phone 888-454-2279
Visit www.heinemannraintree.com to browse our catalog and order online.

an imprint of Capstone Global Library, LLC
Chicago, Illinois

Edited by Sian Smith, Nancy Dickmann, and Rebecca Rissman
Designed by Steve Mead
Picture research by Elizabeth Alexander
Production by Victoria Fitzgerald
Originated by Capstone Global Library Ltd
Printed in the United States of America in Stevens Point, Wisconsin.
Translation into Spanish by DoubleOPublishing Services

The content consultant was Richard Aubrey. Richard is a teacher of Religious Education with a particular interest in Philosophy for Children.

062011
006257RP

Library of Congress Cataloging-in-Publication Data
Año nuevo chino / Nancy Dickmann.
p. cm.—(Fiestas)
Includes bibliographical references and index.
ISBN 978-1-4329-5380-5 (hc)—ISBN 978-1-4329-5399-7 (pb) 1. Chinese New Year—Juvenile literature.
GT4905.A56 2011
394.261—dc22 2010034151

Acknowledgments
We would like to thank the following for permission to reproduce photographs: Alamy pp. **7** (© View Stock), **11** (© discpicture); Corbis pp. **4**, **10** (© Ken Seet), **5** (© Yang Liu), **14** (© Redlink), **15** (© GARRIGE HO/Reuters), **18** (© TIM CHONG/Reuters), **19** (© PRODPRAN JEERANGSAWAD/epa), **23 top** (© PRODPRAN JEERANGSAWAD/epa); Getty Images pp. **8** (JAY DIRECTO/AFP), **9** (Sean Justice/Riser), **16** (Asia Images Group), **17** (blue jean images), **20** (ChinaFotoPress); Photolibrary pp. **6** (Blue Jean Images LLC), **12** (Jack Hollingsworth/Asia Images), **13** (Panorama Media), **21**, **23 middle** (Elan Fleisher/LOOK-foto), **23 bottom** (Jack Hollingsworth/Asia Images); shutterstock p. **22** (© Chunni4691).

Front cover photograph of decorative Chinese dragon reproduced with permission of Getty Images (DAJ). Back cover photograph reproduced with permission of Corbis (© TIM CHONG/Reuters).

We would like to thank Diana Bentley, Dee Reid, Nancy Harris, and Richard Aubrey for their invaluable help in the preparation of this book.

Esperan tener buena suerte durante el año nuevo.

Celebrar el Año nuevo chino

Las celebraciones del Año nuevo chino duran quince días.

Es el momento de visitar a la familia.

En Nochevieja, se hace una comida especial.

Las personas visten ropas nuevas.

Miran las danzas del león.

Se dan regalos.

Se entregan sobres rojos que contienen dinero.

Se dan regalos.

Se entregan sobres rojos que contienen dinero.

La gente mira los fuegos artificiales.

Llamar a la buena suerte

Las personas limpian sus casas para recibir el Año nuevo chino.

Creen que una casa limpia les traerá buena suerte.

En China, el rojo es un color que trae suerte.

Las personas cuelgan banderines rojos. Tienen escritas palabras que traen buena suerte.

El Festival de los faroles

El último día de la fiesta es el Festival de los faroles.

Coloridos faroles iluminan el cielo.

Buscar y ver

¿Has visto estos animales? Cada uno de ellos se utiliza para celebrar un Año nuevo chino.

Glosario ilustrado

banderín pedazo de tela o papel que se cuelga como adorno. Algunos banderines tienen mensajes escritos en ellos.

farol soporte para una vela o bombillo. Algunos faroles brillan cuando se los enciende.

danza del león danza especial que bailan algunos chinos. Hacen como si fueran leones.

Índice

Nota a padres y maestros

Antes de leer

Pregunte a los niños si alguna vez han celebrado la Nochevieja o el Año nuevo. ¿Saben cuándo comienza el año nuevo? Haga una lista de diferentes cosas que hayan hecho para celebrar el año nuevo. Pregúnteles si conocen otros tipos de celebraciones de año nuevo.

Después de leer

• Explique a los niños que algunas culturas usan calendarios diferentes, por lo que sus celebraciones de año nuevo no siempre caen en enero. El Año nuevo chino se basa en un calendario lunar, por eso cada año cae en una fecha diferente.

• Ayude a los niños a hacer sus propios banderines para el Año nuevo chino, con papel rojo para la buena suerte. Muéstreles algunos ejemplos de caligrafía china. Sugiérales que deletreen sus nombres o mensajes de buena suerte.

• Explique que, en el sistema chino, cada año está relacionado con un animal en particular. Explíqueles que algunas personas creen que todos los que nacen bajo el signo del mismo animal tienen características similares, por ejemplo, pueden ser sabios o valientes. Piensen en una lista de las características que podrían relacionarse con el animal del año en curso.